LES MINISTRES

ANCIENS

Et Ceux

DE

L'ÉPOQUE ACTUELLE

JUGÉS D'APRÈS LEURS ŒUVRES.

IMPRIMERIE DE LEBÈGUE,
Rue des Noyers, nº 8.

LES MINISTRES

ANCIENS

En Ceux

DE

L'ÉPOQUE ACTUELLE

JUGÉS D'APRÈS LEURS OEUVRES;

PAR H. A. K... S.

Ainsi qu'aux morts,
on doit la vérité aux vivans.

PARIS.

LEBÈGUE, IMPRIMEUR-LIBRAIRE, RUE DES NOYERS, N° 8.
AUDIN, LIBRAIRE, QUAI DES AUGUSTINS, N° 20.

1826.

LES MINISTRES

ANCIENS

Et Ceux

DE

L'ÉPOQUE ACTUELLE

JUGÉS D'APRÈS LEURS OEUVRES.

L'histoire, cette enchanteresse qui met sous nos yeux le passé, et nous le rend présent, peut, parfois, nous induire en erreur; mais il est des faits sur lesquels elle ne saurait nous tromper. L'accord unanimé des écrivains de l'époque où ils ont eu lieu en confirme la vérité. Tels sont, en général, les grands événemens de notre monarchie, et principalement ceux qui concernent les ministres à qui nos Souverains avaient confié une partie de leurs pouvoirs.

L'adage latin de Plaute (*d'autres temps, d'autres mœurs*) ne trouverait pas ici son application; car, alors, comme aujourd'hui, les actes émanés d'eux étaient ce qui fixait le plus l'attention générale, et, alors, comme aujourd'hui, blâmés par les uns, aplaudis, sans mesure, par les autres, c'était à l'opinion qui dominait que chacun, sans autre examen, réunissait la sienne, celle de ses parens et celle de ses amis. Les grands régulateurs qui la formaient étaient les écrivains politiques : abjurant leur propre opinion, ils se chargeaient de propager celle de leurs patrons.

En effet, rien n'est plus commode pour l'homme qui ne veut pas se donner la peine de réfléchir, ou qui est incapable de réflexion, que d'adopter la pensée des autres en pareille matière.

Je ne vois pas que de nos jours on suive une autre marche pour se déclarer le partisan ou l'antagoniste de nos ministres. Méritent-ils moins d'éloges, méritent-ils plus de reproches que les anciens ministres? C'est une question que je me suis faite, et c'est d'après la solution que je m'en suis donnée que l'idée m'est venue d'établir un parallèle entre les uns et les autres.

Pour asseoir un jugement sur ce que nous devons en penser comparativement, je ne crois pas nécessaire de remonter, dans l'histoire, plus haut qu'au règne du bon Henri, de ce Roi dont aucun Français n'a perdu la mémoire.

Dans ce temps de tourmente (quel siècle n'a pas le sien!) Sully, dont le nom seul imprime le respect et suffit à son éloge, choisi par ce grand Roi pour administrer les finances, n'éprouva que des dégoûts tant que dura son ministère, mais n'en persévéra pas moins à servir fidèlement les intérêts de son souverain; il laissa vociférer les mécontens que pouvaient faire les opérations qu'il proposait, et dont le temps seul pouvait assurer les avantages qui en résulteraient pour la masse générale.

Les finances étaient dans le plus grand désordre lorsque Henri les lui confia. Son premier soin fut de recourir à la source des abus, qu'il reconnut facilement; des moyens violens pouvaient seuls la tarir; il ne balança pas pour les proposer au Monarque : *C'est aux plus riches maltotiers, lui dit-il, qu'il faut s'adresser, et leur faire rendre gorge tout-à-fait; voire même les punir par corps,* et en conséquence il établit, presque malgré le Roi, une chambre de justice contre les malversations des financiers.».

Henri commença par approuver cette mesure, fondée en raison, contre tout déprédateur de la fortune publique; mais, vivement sollicité par ceux qui l'environnaient, il fit suspendre les procédures commencées contre ces sangsues, et se contenta de les faire taxer à une modique restitution.

Il est facile de juger du nombre d'ennemis que se fit Sully dès les premiers jours de son administration, pour avoir tenté le moyen le plus puissant, alors, à l'effet de relever promptement les finances, *sans que les pauvres Grimelins,* comme disait Henri, *payassent pour les grands voleurs et brigands.*

Le conseil de Sully était, sans aucun doute, celui d'un sage administrateur; mais tout ministre des finances (n'importe l'époque), qui, pour les faire fleurir, préfère puiser dans la bourse des riches, au lieu de *pressurer de pauvres Grimelins,* est bien certain d'encourir la haine de ces riches, qui ne manquent jamais de moyens pour attirer dans leur parti la tourbe des oisifs qui parlent à tort et à travers, sans comprendre ce qu'ils disent.

C'est ce qui arriva à Sully. Au reste, ses ennemis les plus dangereux n'étaient pas ceux qui s'exprimaient sur lui avec des termes offensans; c'étaient au contraire ceux qui approchaient le plus du Roi: ils ne l'entretenaient, pour le perdre avec plus de sûreté, que des hauts talens de ce ministre, à qui seul ils attribuaient l'état florissant où la France se trouverait lorsqu'il aurait terminé l'accord parfait qu'il préparait pour le rétablissement de toutes les branches industrielles qui font la prospérité d'un État, et surtout pour celui des finances.

Ils en disaient trop pour que Henri n'en conclût pas qu'on était persuadé que Sully ordonnait tout à son exclusion. Un peu de jalousie (et quel Roi ne serait pas étrangement ému si on cherchait à lui faire entendre que son ministre règne sous son nom!) se glissa dans le cœur du Monarque. Louanges ou critiques amères de ce que faisait Sully, il voulut tout entendre et tout lire. Le résultat de ses premières réflexions fut de l'amener à traiter ce ministre avec une extrême froideur.

Sully, trop juste pour se croire infaillible, attendait patiemment qu'il plût à Sa Majesté de lui expliquer les motifs de cette froideur, qu'il croyait fondée sur quelques-uns de ses projets mis à exécution sans succès, et se présentait toujours avec l'air de l'assurance.

Henri, dont la franchise faisait la base du caractère, se décida à rompre la glace, puisque son ministre semblait décidé à ne faire aucune attention à la manière dont il le recevait, et au ton sévère dont il lui parlait.

Un jour que Sully était venu lui rendre compte d'une affaire dont il lui avait parlé, et qu'il se retirait, suivant sa manière accoutumée, Henri le rappela. — *N'avez-vous rien de plus à me dire,* lui demanda-t-il? — *Non, pour le present,* répondit Sully. — *Aussi ai-je bien moi à vous,* ajouta le Roi. Après lui avoir nommé ceux qui travaillaient à le perdre dans son esprit, et dévoilé les manœuvres qu'ils employaient pour y parvenir, il lui témoigna le regret d'avoir eu un moment de prévention, *et lui promit toute con-fiance.*

Sully, emporté par la reconnaissance, voulut se jeter à ses pieds pour le remercier; c'est alors que Henri lui adressa ces paroles gravées dans tous les cœurs français : *Relevez-vous,* etc. ; puis le prenant par la main, il l'amena à la vue de toute la Cour, l'embrassa affectueusement, et s'adressant à ceux qui l'environnaient : *J'aime Rhoni,* leur dit-il, *plus que jamais, et, entre lui et moi, c'est à la mort et à la vie.*

Les ennemis de Sully, les *blâmeurs* de son temps, n'en blamèrent pas moins ses opérations. Fort de sa conscience et de la pureté de ses vues, lors même que le succès ne les couronnait pas, ce ministre ne dévia point de la route qu'il s'était prescrite ; n'ayant pour but que la gloire de son Roi et le bonheur du peuple, il n'opposa à ses détracteurs que le silence du mépris. Il aurait cru abuser de son pouvoir, si, comme il lui était facile, il s'en fût vengé autrement.

Si le duc de Sully, en quittant le ministère, emporta avec lui l'estime des hommes qui ne jugent pas toujours des opérations d'un ministre d'après leurs intérêts personnels, soit qu'elles leur soient profitables ou préjudiciables, mais ne considèrent que le bien.général qui peut en résulter, il conserva aussi la haine des ennemis qu'il s'était faits parmi les grands et les riches.

Tel est le sort qui attend tout homme d'État, qui en entrant dans un ministère n'y trouve que désordre, et tranche hardiment pour opérer le bien.

Je laisse Sully, et passe au règne de Louis XIII. Sous ce règne, ce ne sont plus des ministres qui, comme Sully, se font des ennemis parce qu'ils n'ont en vue, par des opérations, souvent à l'abord révoltantes, que la prospérité de l'État, c'est un combat perpétuel entre la souveraineté et les ministres : c'est la mère d'un Roi qui leur est sacrifiée, et vouée par leurs intrigues à un exil honteux, dans une terre étrangère où elle meurt, réduite, faute d'argent, à une situation qui approche de la misère.

Mais le principal ministre, Richelieu, est celui qui doit le plus occuper l'attention sous ce règne agité. C'est celui dont je vais, d'abord, présenter une légère esquise.

Richelieu, nommé très-jeune à l'évêché de Luçon, présenté à la Cour par Concini, depuis maréchal d'Ancre, s'insinua dans les bonnes grâces de Marie de Médicis, Régente du royaume, pendant la minorité de Louis XIII; et, par suite, capta la confiance du Roi, et devint l'ame et le maître de son conseil.

Cependant, il est juste de dire que les sciences, les arts, le commerce, la marine, lui durent leur accroissement et leur grandeur : il est juste de dire qu'il possédait les plus rares talens ministériels : mais ses grandes vues politiques s'étendaient exclusivement au dehors. Quant au gouvernement intérieur, relatif à l'administration des finances, à ce nerf de tous les États, il ne s'en occupait que pour l'exploiter à son profit. Quel ministre fut plus despote et plus insolent que lui ? Quel est celui qui a le plus abusé du pouvoir confié à ses mains ? S'il fit, sous plusieurs rapports, la gloire de la France, on peut dire aussi qu'il la cimenta avec le sang et les larmes de ses victimes, dont le nombre est incalculable : amis, ennemis, il sacrifia tout aux passions qui l'agitaient. Il osa tout, jusqu'à empêcher son Souverain d'écouter les dernières sollicitations de la Reine mère, adressées du lieu d'un exil, dont il était le principal auteur, et jusqu'à causer un affront à la jeune Reine, en donnant de l'ombrage au Roi sur la correspondance que cette princesse entretenait avec le Roi d'Espagne, son frère. Il eut même la coupable audace, dans cette occasion, d'aller insolemment l'interroger au Val-de-Grâce, où elle allait quelquefois faire une retraite et épancher son cœur avec les religieuses : ce qui la consolait des chagrins qu'elle éprouvait à la Cour.

Je ne dirai rien des manœuvres criminelles dont il usait pour se défaire de ses rivaux, ou des ennemis puissans qu'il se faisait. Personne n'ignore le prix qu'il mit à l'assassinat du comte de Soissons, à qui il se voyait près d'être sacrifié par Louis XIII, et de qu'elle manière fut remise la somme qu'il avait promise à l'assassin. Toutefois Richelieu eut cependant un grand mérite aux yeux de la raison ; car, quoique prince de l'Église, malgré les troubles de religion qui agitaient la France, il eut le bon esprit de ne pas s'inquiéter de celle que professait l'homme qu'il employait, pas plus que de ses opinions politiques. Il lui suffisait qu'il eût des talens propres aux fonctions dont il le revêtait. Aussi ne fit-il pas difficulté de donner la place de contrôleur-général à Harvard, huguenot, et de race anglaise.

Il me suffit d'avoir montré de profil ce ministre despote, pour donner l'idée du tableau qui ressortirait de ses actes ministériels, si j'y ajoutais celui des impôts énormes dont il accabla le Peuple.

J'arrive à Mazarin qui dut son élévation à Richelieu : ce ministre s'était déchargé sur lui du soin des affaires étrangères.

A la mort de Louis XIII, Anne d'Autriche s'attacha à Mazarin : le principal motif qui l'y détermina fut la conduite, favorable pour elle, qu'il avait tenue dans le conseil lorsqu'il y avait été question de la déclarer Régente, tutrice sans restriction, et maîtresse de former *son conseil à volonté*, clause opposée aux dernières dispositions de Louis XIII. Elle oublia qu'il avait rédigé, avec Chavigni, la fatale déclaration qui aurait entravé sa régence, si on avait voulu en suivre ponctuellement le texte : elle ne lui en fit aucun reproche.

Bientôt Mazarin gagna ses bonnes grâces, et n'en usa d'abord que pour détourner les coups de l'envie auxquels, près des Souverains, un nouveau favori est toujours exposé. Mais une fois certain qu'il était devenu nécessaire à la Régente, il abusa de l'ascendant qu'il avait sur elle.

Cette princesse, naturellement confiante, avait l'habitude de s'entretenir avec les familiers de sa Cour de ce qui l'intéressait le plus ; et comme on le pense bien, les affaires du Gouvernement étaient en première ligne. Mazarin exigea qu'elle concentrât entre elle et lui le mystère de ses opérations, n'importe de quelle nature elles pouvaient être. Rien de mieux, sans doute, tant qu'elles n'étaient pas encore mises à exécution ; mais il exigea que lorsqu'il en aurait fait connaître le résultat au nom du gouvernement, elle ne prétât pas l'oreille aux réflexions insidieuses qu'elles pourraient faire naître, et que, bien au contraire, elle regardât comme sujets infidèles ceux qui oseraient lui en parler pour les désapprouver.

Anne d'Autriche se soumit à cette loi que lui imposait son ministre. Ses familiers, en se voyant privés de ses confidences, n'eurent pas de peine à en deviner le motif, et de ce moment conçurent une haine secrète contre Mazarin. Le déchaînement et les plaintes du Peuple l'inquiétaient peu : il crut qu'en s'attachant quelques hommes puissans, et en prévenant leurs désirs, qu'enfin en se faisant prôner par eux, le Peuple finirait par porter, sans murmurer, le joug des impôts créés par son prédécesseur, et que, loin d'alléger il augmentait continuellement : il se trompa. Il n'avait pas fait réflexion que, presque toujours, les grands sont conduits par les petits qui les environnent, en raison du besoin qu'ils en ont. Bientôt il n'y eut contre lui qu'un cri, accrédité par ceux dont il s'était flatté de se faire un appui. Les mécontens, et ils étaient répandus dans toutes les classes, lui faisaient son procès; on le traitait de sangsue publique, de fourbe qui déshonorait le Gouvernement chez les étrangers comme en France : enfin on demandait hautement qu'il en fût chassé, et cette demande, réitérée à diverses époques, pendant la durée de son ministère, l'obligea, plus d'une fois, à aller chercher sa sûreté dans une terre étrangère. Toujours soutenu par Anne d'Autriche, dont il tournait l'imagination à son gré, il semblait n'agir que d'après les intentions de cette Régente ; mais, sur ce point, on savait à quoi s'en tenir, et l'on obtint enfin d'elle la promesse de ne point le rappeler de Cologne où il avait été se refugier pendant les troubles qu'il avait suscités, et dont il craignait, avec raison, d'être une des premières victimes, tant le Peuple, comme les grands, étaient indignés de toutes ses menées : je veux parler de la fronde ; car, quoiqu'à cet éloignement de la Cour, il n'en faisait pas moins agir tous les fils du Gouvernement.

D'après la promesse, presque arrachée à la Régente, de ne point rappeler ce ministre odieux à toute la France, le parlement donna un arrêt par lequel, *lui, ainsi que ses parens, videraient le royaume; et qu'après un terme indiqué, il serait permis aux communes et tous autres de leur courre sus.*

Telle était alors l'agitation générale et l'incertitude des esprits, qu'une résolution, conforme aux

intérêts de tous, et qui pouvait assurer la tranquillité, n'avait d'exécution que pendant l'instant où on
la prenait. Mazarin revint, puis quitta de nouveau
le royaume, puis revint encore, reconquit sa puissance à la Cour, et, éloigné ou non, disposa toujours de tout.

Formé sur le modèle de Richelieu, sans en avoir
l'habileté. il tenait à-peu-près la même marche que
celui-ci avait tenue dans son ministère. C'était le
même despotisme, le même abus d'autorité envers
les grands et les petits ; ne connaissant d'autres
moyens pour faire fleurir les finances, dont l'extrême
déprédation était son ouvrage, il en usait comme
de son bien propre ; mais, avare à l'excès, il ne les
prodiguait que pour servir ses vues ambitieuses,
exciter des tumultes dont il profitait, soit pour se
débarrasser de ses ennemis, soit pour les rendre
odieux ; et ces ennemis, les plus redoutables pour
lui, étaient les princes et les premiers personnages
dans tous les ordres de l'État.

Louis XIV, encore trop jeune, n'était Roi que de
nom. Mazarin, maîtrisant la Régente, tenait donc
véritablement seul le gouvernail de l'État. Il se
reposait tellement sur l'ascendant qu'il avait sur
elle , qu'il avait osé se flatter que le jeune
Roi , qui était amoureux de sa nièce, passion
qu'il attisait , pourrait se résoudre à partager
son trône avec elle ; il avait même pressenti ,
sur ce point, la Reine mère, dont la réponse, conforme à la dignité de son rang, lui fit perdre à
jamais cet insolent espoir. *Si le Roi,* lui dit-elle,

était capable de cette indignité, je me mettrais, avec mon second fils, à la tête de toute la nation contre lui et contre vous.

Il ne pardonna jamais cette réponse à la Reine ; mais astucieux jusque dans ses moindres actions, il voulut alors se faire un mérite d'arrêter les progrès de la passion du jeune Roi pour sa nièce, et s'employa, comme il le devait, pour la conclusion du mariage de ce Souverain avec l'infante d'Espagne, mariage qui devait terminer la guerre de cette puissance avec la France.

C'est lorsqu'il ramena le Roi et la nouvelle Reine, que, gonflé d'orgueil, il s'y montra à l'égal de son maître. Si quelqu'un s'adressait au Roi pour en obtenir une grâce, il était perdu : la Reine mère elle-même, à qui il devait tout, resta sans crédit. Ce fut sa première vengeance de la réponse que je viens de citer ; et le Roi, qu'il n'avait pas cessé de maintenir dans une soumission aveugle pour tout ce qu'il opérait, n'osa pas régner tant que vécut le cardinal. Ce ministre mourut en 1661.

Afin de ne point distraire l'attention que mérite Mazarin, considéré dans son ministère, je n'ai point voulu entremêler le nom du cardinal de Retz, qu'on peut regarder comme son compétiteur. Cet homme, dont le *bréviaire était un poignard*, quoique d'un génie bien supérieur à Mazarin, joua cependant plutôt le rôle d'un intrigant que celui d'un homme d'État. Son ambition, n'étant encore que coadjuteur de l'archevêque de Paris, son oncle, fut d'être compté pour beaucoup dans les affaires politiques ; ce à quoi il parvint.

, Pour donner une entière connaissance et de son caractère et de la manière dont il traitait les affaires, il suffira de dire le jugement qu'il portait de sa personne. En répétant ici ses propres paroles à Joly, son confident, qui n'en faisait pas mystère, ce sera le faire connaître en peu de mots.

Je ne suis qu'un coquin, lui disait-il; *mais je m'en console par la satisfaction que j'ai d'en imposer à la multitude.*

Cet homme si ambitieux, si remuant, si avide de renommée, après un assez long séjour en Lorraine, où il avait été exilé, obtint la permission de revenir à Paris, et y passa les dernières années de sa vie au milieu d'un petit cercle d'amis choisis, dont madame de Sévigné était un des principaux ornemens.

Je n'ai cité, des ministres de Henri IV, que Sully: de ceux de Louis XIII, que Richelieu, Retz et Mazarin qui conserva le ministère pendant toute la minorité de Louis XIV, parce que ces ministres ont été le plus en évidence, et que, pendant ces divers règnes, on peut dire qu'ils ont seuls fait agir tous les ressorts du gouvernement; car les ministres qui leur étaient adjoints n'agissaient que d'après eux. Cependant, on ne saurait disconvenir que la plus grande partie de ceux sur lesquels j'ai gardé le silence étaient doués des plus grands talens, tels que, sous Henri IV, Pierre Jeannin, nommé à juste titre l'enfant de ses vertus ; de Villeroi, dont ce Monarque disait : *les affaires du royaume sont les affaires de M. de Villeroi,* etc., etc., etc.

Sous Louis XIII, la Vieuville, qui, sans être

ministre de nom, en avait toute l'autorité; Marillac, garde-des-sceaux, etc., etc.

Sous la minorité, ce Mathieu Molé, garde-des-sceaux, dont l'attachement au trône est un héritage que sa postérité s'est partagée, et se partage constamment ; Châteauvieux, ministre expérimenté, qui prenait toutes les précautions pour épargner à la Reine régente l'embarras des détails, et l'empêcher de regretter Mazarin, etc., etc.

Un coup-d'œil rapide sur le caractère, sur la manière de gérer, et sur l'idée qu'on peut se former des principaux ministres, à commencer du règne de Henri IV, voilà, comme je l'ai dit précédemment, le but que je me suis proposé pour arriver graduellement à ceux de notre auguste Souverain, et établir entre eux un point de comparaison.

Revenons à Louis XIV, affranchi de Mazarin et gouvernant par lui-même. Ce Monarque fit un choix de ministres, qui aurait annoncé la maturité que donne l'expérience d'un long règne, s'il eût été possible d'ignorer qu'il n'avait que vingt-deux ans.

Ses yeux se fixèrent d'abord sur Colbert. Ce ministre, favorisé de tous les talens qui font le grand administrateur, ne fit pas tout ce qu'il pouvait faire, encore moins ce qu'il voulait, et fut presque toujours emporté hors de ses mesures.

Son premier tort aux yeux des traitans, qui ne manquent jamais de partisans, même parmi ceux qui connaissent les voies illicites au moyen desquelles ils ont amassé des trésors, fut de faire ériger contre eux une chambre de justice à l'instar de celle qu'avait formée Sully; mais bientôt, comme je viens de le dire, emporté hors de ses mesures, il la fit dissoudre, et n'en conserva pas moins les ennemis que lui avaient suscités son érection. Forcé d'avoir recours à ces sangsues pour subvenir à des dépenses imprévues, il ne fit qu'enhardir leur cupidité.

Ennemi déclaré de Fouquet, surintendant des finances, il était parvenu à obtenir du Roi, dans un travail secret, l'arrestation de ce surintendant; mais Fouquet, revêtu de la charge de procureur-général, pouvait, lorsqu'il serait arrêté, deman-der à être jugé par les chambres assemblées, qui, bien certainement, l'auraient acquitté, ou au moins condamné à une légère peine, ce qui n'aurait pas satisfait la haine que lui portait Colbert. En consé-quence, usant de moyens peu honorables et même perfides, ce ministre astucieux l'engagea à vendre sa charge. Fouquet, généralement aimé, ne se doutait ni de son arrestation ni du piége que lui tendait Col-bert. Pour lui complaire, il consentit à s'en défaire, et, toujours grand, toujours magnifique, il en fit porter le prix à l'épargne : douze cent mille livres (qui représentent aujourd'hui plus de deux millions). Ainsi dépouillé du privilége qu'elle lui donnait, Col-bert fit mettre son arrestation à exécution, et le livra, pour être jugé, à une commission dont la chronique du temps prétend qu'il dirigea le travail.

Plusieurs de ses juges opinèrent à la mort; mais la majorité fut pour une prison perpétuelle; en con-séquence, il fut conduit au château de Pignerol, où il mourut après une détention de quinze à seize ans (en 1650.)

Il existe dans le cœur de certains hommes un mélange d'oubli pour ce qui tient à la délicatesse des sentimens, et de magnanimité qui semble annoncer une âme dégagée de toute passion basse. Tel fut Colbert dans sa conduite à l'égard de Fouquet, et celle qu'il tint vis-à-vis d'un de ses plus zélés défenseurs, le poëte Hainault, traducteur de Lucrèce, qui, peu de jours avant la condamnation de ce surintendant des finances, publia contre Colbert un sonnet, dont ce ministre, dans la position où il était, aurait pu se venger cruellement s'il l'eût voulu. Quand on lui en parla, il se contenta de demander si le Roi y était offensé. On lui dit que non : « Je ne le suis donc pas, » répondit-il.

- Cette condamnation de Fouquet, qu'on savait être l'œuvre de Colbert, ne fit qu'augmenter le nombre de ses ennemis. Cependant si l'on jugeait de l'administration de Colbert, d'après la haine qu'il inspira, on serait dans la plus grande erreur.

Il fut le Mécène de tous les arts, le créateur du commerce, et, comme Richelieu, employait, dans les arts et la marine, le plus de huguenots qu'il pouvait.

C'est sous lui que s'établit l'académie des sciences, ainsi que le journal des savans, le père de tous les ouvrages de ce genre.

Après Colbert, nommons Louvois, né pour bien servir, plutôt que pour faire aimer son maître. Ce ministre, d'une hauteur révoltante, d'un caractère dur, d'une humeur brusque, excita plus d'une fois contre lui la colère du Roi. Qu'on juge, d'après cela,

ce qu'il était vis-à-vis de ses égaux, et à plus forte
raison à l'égard de ses inférieurs. Le chancelier
Letellier, son père, et lui, ennemis de Colbert, ne
pardonnaient pas à ce ministre d'avoir accordé pro-
tection aux calvinistes. Louvois, à force d'impor-
tunités près du Roi, parvint à en obtenir l'ordre
donné à Colbert, de les exclure des fermes, des
communautés des arts et métiers : cependant on
défendit, par des arrêts, toute violence contre eux,
et l'argent fut le moyen le plus efficace qu'on employa pour les amener au catholicisme.

Louvois se couvrant du manteau royal, écrivait
à ses subordonnés que l'intention de S. M. était
qu'on fît éprouver les plus grandes rigueurs à ceux
qui ne voudraient pas renoncer au calvinisme, ou
qui, par une *sotte gloire*, demeureraient les derniers
attachés à cette religion.

Oublions le temps où, loin d'employer des moyens
doux pour ramener des hommes qu'on regardait
comme écartés de la bonne voie, un ministre attisait
encore le feu de la discorde, et fut enfin le premier
moteur de l'édit qui révoqua celui qu'ils devaient
au bon Henri. On sait qu'elles en furent les suites :
une sage tolérance aurait produit l'effet qu'on désirait, et l'on n'aurait pas eu à se reprocher d'avoir
arrosé la terre de sang humain.

Hâtons-nous d'arriver au règne de Louis XV,
après avoir dit quelques mots sur la Régence.

A cette guerre des huguenots, ou, pour mieux dire,
à cette chasse d'hommes, au moyen de laquelle on
croyait extirper une religion proscrite, succédèrent
des disputes de dogmes. Le duc d'Orléans, nommé

Régent du royaume à la mort de Louis XIV, en donnant une nouvelle face à la Cour, d'où tous les plaisirs avaient été bannis dans les dernières années du Roi, dont la conscience était sans cesse alarmée par son confesseur, calma, sans qu'on s'en aperçût, ces disputes auxquelles les grands, ainsi que les petits, prenaient part : comme ceux-ci sont ordinairement les imitateurs des premiers, bientôt on ne s'occupa plus que de plaisirs.

La conduite, les mœurs, la licence du cardinal Dubois*, son premier ministre, sont trop généralement connues pour que j'en parle. Quant à sa manière de gérer les affaires, elle répondait à la vie désordonnée qu'il menait.

La seule obligation qu'on lui ait eue dans le cours de son ministère, c'est d'avoir terminé, par l'arme du ridicule, la guerre de controverse que le duc d'Orléans, ainsi que je viens de le dire, avait trouvé allumée dans le royaume lors de son avénement à la Régence.

---

* Ce fut Massillon qui le sacra, lorsqu'il fut nommé à l'archevêché de Cambrai, où il remplaçait le sage Fénélon : contraste par trop frappant.

On dit que Massillon, qui savait que cet homme éhonté n'avait jamais rempli aucun des devoirs de la religion, lui demanda, avant la cérémonie, s'il avait fait sa première-communion. Non, lui répondit Dubois. — Avez-vous été confirmé ? — Non. — Eh ! bien, homme ou démon, as-tu été baptisé ? — Je ne me le rappelle pas, répondit Dubois d'un grand sang-froid ; mais ce que je sais, c'est que j'ai été marié, que je me suis démarié, et qu'aujourd'hui j'épouse en secondes noces l'archevêché de Cambrai.

Le temps de la Régence fut celui de la cupidité : personne n'ignore quels furent les effets de ce fameux système de Laws, qui semblait devoir ruiner la Régence et l'État, et soutint, au contraire, l'un et l'autre par des conséquences que personne n'avait prévues.

La crainte de perdre, et l'avidité de gagner à un jeu nouveau et prodigieux, tenaient toutes les classes de la société, depuis les plus grands seigneurs, les prélats, les magistrats, jusqu'au plus bas peuple, dans une tension qui détournait l'attention générale aux affaires politiques.

Quelque chimérique que fût ce système, il enfanta un commerce réel, fit renaître la compagnie des Indes, créée par Colbert, et ruinée ensuite par les guerres.

Au reste, il en fut, en grand, du jeu de Laws, comme de celui de nos assignats; on vit, sur les bases trompeuses d'un morceau de papier, de grandes fortunes détruites, et des hommes qui ne possédaient pas la valeur de deux écus, s'en retirer avec des millions.

La confusion des finances cessa avec la Régence : Louis XV régna.

Le premier ministre de sa nomination, fut le cardinal de Fleuri (en 1726). D'après ce choix, on aurait pu croire que le ministère était le patrimoine du sacré collége; mais pour cette fois le choix tomba sur un prélat à qui l'on ne connaissait que des vertus. Une vie pure et sans tache, plutôt que la connaissance intime d'une administration, le porta au rang de ministre, où il fut placé en première ligne. Ce qui est bien plus étonnant c'est que M. de Fleuri était plus que septuagénaire lorsque les rênes du gouvernement furent remises entre ses mains.

L'élévation manquait à son caractère; mais il avait l'esprit d'ordre, était doux, conciliant, et prouva qu'avec ce genre d'esprit on gouverne bien les autres.

Il crut, dans sa sagesse, ne devoir faire aucune innovation; il laissa tranquillement la France, qu'il savait riche de son propre fonds et de l'intelligence de ses habitans, réparer ses pertes; les uns en se livrant au commerce, les autres aux arts industriels. Peu à peu les affaires politiques rentrèrent dans l'ordre naturel, et il laissa à ses successeurs un ministère dégagé de toute espèce d'embarras.

Sa destinée, il faut en convenir, fut une espèce de phénomène : à l'âge où l'on ne songe qu'à se retirer du monde, il se trouva chargé de la conduite d'un gouvernement obéré par tous ses précédens. Et tout lui prospéra !

Dans le cours des seize années de son ministère, qu'il quitta en 1742, il conserva constamment une tête saine, libre et capable d'affaires.

C'est en 1743 qu'il termina sa carrière glorieuse : il était alors âgé de près de quatre-vingt-dix ans.

Louis XV, depuis la retraite de M. de Fleuri, gouvernait par lui-même, c'est-à-dire qu'il s'écoula un certain temps sans qu'il fît choix d'un premier ministre.

Ce fut le comte de Maurepas, dont on ne saurait trop louer la sagesse, qu'il mit dans sa gestion. tant qu'il resta à la tête des affaires, qui remplaça M. de Fleuri.

Mais bientôt d'autres ministres lui furent adjoints, ou lui succédèrent.

M. d'Argenson fut un moment de ce nombre : Magistrat recommandable par ses vertus et par sa naissance, il avait été lieutenant de police, place dont jusqu'à lui, on avait méconnu l'importance dans une ville telle que Paris, où tout alors était en désordre. Il en avait distribué les rouages, ou, pour mieux dire, il les avait créés, et laissé à ceux qui l'ont remplacé par la suite, un modèle parfait de bonne police.

Je me hâte d'arriver aux ministres les plus marquans de ce règne, et je vois en tête M. le duc de Choiseuil, qu'on surnommait, *le cocher de l'Europe*, parce qu'effectivement, pendant son ministère, il dirigea et fit mouvoir à son gré tous les cabinets étrangers.

Comme ministre, il possédait les talens qui constituent le grand homme d'État ; mais suffisent-ils pour mériter l'estime générale ?

On peut répéter ce que peu de personnes ignorent : jamais ministres ne furent plus généralement abhorrés que ceux de cette époque : tous étaient sous l'influence des femmes ; c'est par elles que s'obtenaient les grâces ; c'est par elles qu'on parvenait aux places. Si leur influence s'était arrêtée à l'empire qu'elles avaient sur des hommes qui usaient du pouvoir dont ils étaient investis, pour refuser au vrai mérite les emplois qu'ils accordaient aux sollicitations d'une femme galante, ou même d'une vile courtisane, on aurait pu se contenter de les taxer d'une faiblesse honteuse ; mais parmi ces ministres il y en eut de plus coupables, et dire qu'ils ont été, par leur conduite, en mille circonstances, une des principales causes de notre infernale révolution, ce n'est pas trop hasarder. Ils faisaient des mécontens dans tous les ordres de l'État, et l'on oublie difficilement les injustices dont on a été la victime, soit dans sa personne, soit dans celle de ses parens ou amis.

Éclaircissons ce juste reproche.

Les lettres de cachet, cet ostracisme, œuvre diabolique, qui n'avait pu être inventé que par des bourreaux du genre humain, reposaient dans les mains des ministres. Ceux dont j'entends parler s'en servaient pour satisfaire leurs vengeances particulières et celles de leurs protégés, hommes ou femmes, et même pour satisfaire leurs passions brutales. Que de maris, dont les femmes avaient eu le malheur de plaire à l'un d'entre eux, ont été relégués dans des maisons de force, pour que leur présence ne contrariât pas ses vues criminelles !

Mais celui de tous ces ministres qui, sous ce rapport, fut le plus éhonté et le plus audacieusement coupable, est la Vrillière, qui payait les charmes de son infâme maîtresse, la Sabatin, en lettres de cachet dont elle faisait publiquement trafic.

A l'aide de cette arme à deux tranchans, un tuteur pouvait dépouiller son pupile de toute sa fortune ; une femme s'emparer de celle de son mari ; un fils de celle de son père ; *et vice versa*. La victime qu'on voulait sacrifier était confinée dans une des maisons destinées aux insensés ; la folie était le prétexte dont on couvrait sa réclusion. Enfin, entre

les mains de cette femme, la lettre de cachet avait
son prix suivant l'importance qu'elle savait qu'on y
attachait.

Je reviens à M. de Choiseuil. Il avait été (à la
vérité pour tout ce qui était étranger aux affaires
de grande importance) l'esclave des femmes, et ce
fut une femme, madame Dubarri, qui renversa ce
colosse de haute et savante politique, et le fit rem-
placer par le duc d'Aiguillon, dont tout le mérite
consistait à se montrer entièrement dévoué aux
volontés et aux caprices de cette favorite. Il ne fut
véritablement ministre que de nom : nul en tout,
hors le mal.

A cette époque, quelques ministres se firent
encore remarquer, tels que M. de Vergennes, qui
apporta dans son ministère la morgue et le despotisme dont il avait pris des leçons dans son ambas-
sade en Turquie, premier échelon de son élévation.

M. Amelot, qui fit plus de mal que de bien.

M. de Sartines, homme étonnant par sa profonde
connaissance dans un ministère (la marine) auquel
il était entièrement étranger lorsqu'il y fut appelé.
Jusqu'alors lieutenant de police, il s'était distingué
dans cette place, pour laquelle il semblait être né.

Et enfin M. le prince de Monbarrey, ministre de
la guerre, qui ne travailla que pour la chronique
scandaleuse.

La croix de Saint Louis, cette croix jusqu'alors
le prix des services d'un brave militaire, devint la
parure de celui qui voulut la voir pendre à sa bou-
tonnière. Melle Renard, ancienne figurante dans les
ballets de l'Opéra, et maîtresse de ce ministre,

distribuait cette décoration , moyennant une somme de dix louis, avec autant de prodigalité que ses faveurs personnelles.

Détournons les yeux de ces temps de corruption et de ces hommes dont le souvenir afflige. Hâtons-nous d'arriver au moment où le meilleur et le plus malheureux des Rois, le frère de l'auguste Monarque qui nous en retrace aujourd'hui la bonté , monta sur le trône.

Tout, dans son avénement, était fait pour présager à la France la plus heureuse des destinées. Le choix de quelques-uns de ses ministres en donnait l'assurance.

Il rappela d'abord près de lui le comte de Maurepas, dont la présence fit à la Cour le même effet qu'y avait produit celle de Sully , au temps de Louis XIII.

Que de biens il y avait à attendre de ce Monarque! Que de maux dont il aurait tari la source ! Mais il était écrit que les anciens abus ne pouvant pas se détruire d'un seul coup, entraîneraient la perte de l'État le plus florissant.

Eh ! quel ministre était plus propre à seconder les vues du Monarque, que celui qu'il porta au ministère après M. de Maurepas ? A son nom tous les cœurs français palpitent encore , quand ils l'entendent prononcer, et si ma brochure a des lecteurs, il n'y en aura pas un seul qui ne se dise : *C'est le vertueux Malesherbes.*

Lorsque ce magistrat bienfaisant fut appelé au ministère, un cri unanime s'éleva : la France, se disait-on , peut compter sur son équité comme sur ses talens, et l'on ne se trompait pas ; mais c'en était trop pour que l'intrigue, qui ne persécute que le vrai mérite, ne s'attachât pas à lui. Deux fois ministre, deux fois on parvint, par les plus lâches cabales, à lui faire abandonner le ministère.

Il quitta la Cour, alla s'ensevelir dans la retraite qu'il s'était choisie, et ne reparut dans la capitale qu'à l'âge de soixante-dix-huit ans, pour offrir à son Souverain le sacrifice de son sang : car il ne pouvait pas se dissimuler qu'en entreprenant la défense de son Roi contre les ennemis du trône, c'était se vouer à la mort : le Ciel était trop juste pour ne pas accorder à ce respectable vieillard la gloire du martyr. Retiré dans son ancienne retraite, il y pleurait la mort de son *auguste ami* (c'est ainsi que Louis XVI le nommait), lorsqu'on l'en arracha pour le conduire à l'échafaud.

Je ne me pardonnerais pas si, au nom révéré de M. de Malesherbes, je ne mêlais pas ceux de Messieurs De Sèze et Tronchet, qui partagèrent avec lui l'honorable et périlleuse défense qui les associe à son immortalité.

Ma plume s'arrête sur ce passé ; il rappelle des souvenirs trop douloureux. C'est par la même raison que je veux oublier les vingt-cinq années qui ont précédé la restauration, et que j'arrive rapidement à l'époque la plus près de nous.

En rappelant au Lecteur les abus audacieux que d'anciens ministres ont fait du pouvoir qui leur était confié, mon but a été de démontrer que le pouvoir de ceux de l'époque actuelle ne s'étend que jusqu'au bien, et s'arrête au mal; qu'il n'en est pas un seul, dans quelque circonstance que ce soit, qui puisse agir arbitrairement.

Pour ce qui concerne la haute politique, ils proposent, et les chambres donnent leur assentiment, ou le refusent.

Quant à la liberté individuelle, ils la respectent, d'après nos lois, jusques dans l'individu qui, dans notre état de civilisation, semblerait mériter le moins de considération.

Je m'attends bien que tel dans les mains de qui tombera cette Brochure, dira qu'en faisant ressortir quelques-uns des justes reproches encourus par d'anciens ministres, je n'ai eu d'autre but que d'amener ainsi l'éloge de ceux du jour, sur lesquels les yeux semblent se fixer plus particulièrement.

Ce n'est pas quand, par caractère et par calcul, on a traversé et qu'on traverse la vie, comme je le fais, dans une indépendance absolue, qu'on cherche à flatter. Je laisse ce genre de perfidie à ceux qui vivent du triste talent qu'ils possèdent de dénigrer ou de vanter à choix les personnes et leurs œuvres. Toute contraire qu'est mon opinion sur nos ministres à celle de tant d'autres, je vais l'émettre sans m'inquiéter du jugement qu'on portera de ma personne, que j'abandonne à la critique avec autant d'insouciance que je lui abandonne cet opuscule.

Je dirai donc hardiment ce que je pense.

C'est après s'être distingués au barreau ou à la tribune nationale, que MM. de Peyronnet, Villèle et Corbière ont été portés au ministère, on peut dire, par le vœu de la généralité comme par la volonté du Souverain. C'est là qu'on avait jugé de leurs talens et de leurs sentimens monarchiques.

Que d'hommes, vraiment partisans des ministres, partout où préside la raison, n'osent se déclarer tels dans les cercles où l'on se déchaîne contre eux, et où l'on invoque leur changement.

En supposant le succès de ces brigues, que prouverait à l'homme, qui veut se donner la peine de réfléchir, un changement de ministres qui n'aurait d'autre cause que des cris tumultueux? Rien autre chose que la faiblesse d'un gouvernement qui se laisserait assérvir; car, quelque fut le choix qu'on ferait, il ne pourrait qu'être désastreux, en ce que les nouveaux élus agiraient, bien certainement, en sens inverse des opérations de ceux à qui ils succéderaient, sans examiner si le but en était avantageux ou désavantageux.

Aujourd'hui, ce qui prouve et fait la force du gouvernement, c'est le peu d'attention qu'il donne aux écrits de tant d'hommes qui prétendent en être les précepteurs, et lui dicter des leçons.

Génie et générosité dans le caractère, voilà les principales qualités qu'on peut admirer dans nos ministres.

Montent-ils à la tribune? ils y conservent cette présence d'esprit qu'ils y montraient lorsque, simples délégués du peuple, ils y soutenaient ses droits. Alors, ils déployaient les plus grands talens dans les discussions les plus délicates à traiter; mais, en défendant les droits du peuple, ils défendaient aussi ceux du trône ; maintenant que font-ils de plus ? Comme ministres, ils ne sont que les organes de la volonté du Souverain, qui, lui-même, soumet la sienne à son conseil; et comme les volontés de Charles X sont toujours en accord avec la justice, les soutenir, c'est remplir un devoir.

Le plus noble silence est tout ce qu'ils opposent à l'acte d'injuste accusation que, chaque matin, on colporte contre eux, ils laissent crier, et même publier sur leurs opérations les satires les plus mordantes. Les discuter ces opérations, démontrer ce qui peut en résulter de mal, dût-on commettre erreur dans cette discussion, appartient à tous : ils le savent, et certes, en pareil cas, ils n'auraient pas à se plaindre; mais la plume d'un écrivain qui se respecte ne doit-elle pas s'arrêter là où sa mauvaise humeur lui dicte des offenses personnelles; et quand il s'y laisse entraîner, ne doit-il pas se dire qu'alors la vengeance appartient aussi à l'offensé? Elle est si facile pour l'homme puissant! Nos ministres dédaignent d'y avoir recours, et c'est peut-être la preuve la plus convaincante que, s'ils se sont trompés dans leurs *actes ministériels,* au moins leur conscience n'a pas de reproches à leur faire; elle les console de l'abus qu'on fait contre eux du plus beau présent qu'on doit à Charles X : la liberté de la presse. Pour les rendre odieux, on publie qu'ils veulent l'entraver, quand il est de fait que leur respect pour la Charte signale tout ce qu'ils font. Comprimer la licence qui résulte de cette liberté, est un droit; pour le signaler, il n'est besoin ni de loi, ni de censure; la loi est dans la Charte; la bonne foi et le sens commun indiquent la ligne qui existe dans ce qui est permis ou défendu par le droit naturel, dont le plus simple particulier userait contre un écrivain qui l'insulterait dans sa personne.

Si les ministres ne consultaient que leur tranquillité particulière, il n'en est pas un, je le pense, qui ne préférât à son ministère de rentrer dans ses foyers; et s'ils restent à leur poste, s'ils y soutiennent le fardeau dont ils se sont chargés, c'est par la certitude qu'ils ont qu'un esprit de justice les guide dans toutes les opérations gouvernementales, et qu'ils remplissent scrupuleusement les fonctions honorables dont le Souverain les a investis.

Les finances étant aujourd'hui le mot de ralliement de toutes les conversations, je vais m'y arrêter un moment.

De tous les ministères, c'est celui qui est le plus facile à décrier dans l'esprit général : la raison en est simple : tous les impôts en émanent. On nommerait bien facilement ceux qui les payent sans sourciller; il n'en serait pas de même si l'on voulait compter ceux à qui il faut, pour ainsi dire, les arracher: en sorte qu'un ministre des finances peut mettre, sinon au nombre de ses ennemis, au moins au nombre de ceux qui sont toujours prêts à le censurer, la majeure partie des contribuables; et leur censure devient bien plus amère, si le gouvernail de l'État étant forcé dans sa main, il se trouve obligé, pour en rétablir l'équilibre, d'avoir recours à des moyens qui font toujours des mécontens; mais dans ce cas il sait qu'il sert la majorité, bien préférable à ce qui n'est que partiel; l'avantage général qui doit en résulter, c'est ce qu'il doit considérer, sans s'inquiéter de l'intérêt particulier qui fascine les yeux et rapporte tout à soi. Colbert en agit ainsi lorsqu'il supprima des rentes sur l'Hôtel-de-Ville, qu'il savait fort bien avoir été achetées à vil prix. Il ne faudrait pas remonter bien haut pour retrouver les mêmes chances.....

Ici je porte mes regards sur les temps, encore récens, où la révolution n'avait pas exercé ses ravages.

J'aperçois MM. Turgot et Necker, qui eurent des partisans et des détracteurs, mais ne méritèrent que les derniers.

J'aperçois M. de Calounes, l'un des hommes le plus aimable et le plus spirituel de l'ère qui vient de s'écouler. Malheureusement il voulut être à la fois courtisan et financier : de là mille fausses conjectures sur sa manière d'administrer; mais il n'en est pas moins reconnu qu'il déploya les plus grands talens comme contrôleur-général. MM. du clergé ne seront pas de cet avis, et je crois bien qu'ils n'inséreront pas son nom dans leur calendrier; car le temps n'affaiblit pas l'esprit de corps, et ceux-ci n'ont pas oublié le plan, cependant bien sage et qui eut l'assentiment de tous les hommes réfléchis, que ce contrôleur avait formé de payer les dettes de l'État, et mettre les dépenses au pair, en retranchant de moitié, à la mort de chaque titulaire du haut clergé, l'immense revenu attaché, soit à un siége épiscopal, soit à une abbaye commendataire, etc., etc., etc.

(35)

Il prétendait, avec raison, que le revenu d'un archevêché, évêché, etc., etc., n'était pas un héritage reconnu pour celui qui succédait au titre.

Gardons notre ministre des finances; il a le courage qu'un autre n'aurait pas : celui de lutter contre les factions; et loin de transiger avec elles, de persévérer dans un système financier combattu par tant de gens qui ne le comprennent pas : il lui suffit d'avoir pour approbateurs des hommes profondément instruits dans cette partie de son ministère, èt surtout désintéressés.

Un changement de ministres, je le répète, est une preuve de la faiblesse d'un gouvernement; il annonce presque toujours qu'il y a trouble et désordre. Si l'on disait que la France n'est pas aujourd'hui divisée d'opinions, ce serait commettre une erreur volontaire.

Quel est le moyen de n'en former qu'une comme par le passé ? C'est de ne pas plus céder à un parti qu'à un autre : c'est de ne pas se laisser même dominer par celui qui entre dans les vues conformes à la route qu'on s'est tracée.

Cette marche est celle que suivent nos ministres : c'est celle que suit M. de Villèle : le maintien de la monarchie constitutionnelle : voilà leur guide.

Ses projets, comme ceux des autres ministres, sont soumis à une discussion, et s'ils sont adoptés, c'est à une majorité de voix où l'esprit de réflexion se balance entre des hommes d'une sagacité reconnue et du choix des divers départemens qui composent le royaume.

Mais, dans ce cas, des partisans de la minorité, la plupart, en raison seule de ce qu'elle est minorité, crient à la corruption contre la majorité, et ne voyant, ou, pour mieux dire, feignant de ne voir la raison et la probité que dans les rangs de la première, ils la proclament seule dévouée au trône et aux intérêts du peuple.

Mais si la corruption existait d'un côté, ne pourrait-on pas dire qu'elle existe aussi de l'autre ? L'or des ministres n'a pas, pour qui se vend, plus de prix que n'en a celui d'un simple banquier.

Pour l'honneur de nos chambres et par respect pour nos choix, croyons que cette corruption n'existe d'aucun côté. La délicatesse des sentimens ne saurait être altérée par une différence dans les idées politiques : chacun tient aux siennes, et épouse le parti qui s'en rapproche le plus.

Quant à moi je me plais à ne voir dans nos députés, de quelque côté qu'ils se placent, que des âmes nobles et incorruptibles. Ils peuvent errer dans la discussion d'un projet qui leur est soumis ; mais, se vendre... jamais !!!... Il n'y a qu'un être vil qui met son opinion, pour ou contre, à l'enchère, et j'aime à croire que notre chambre des députés ne se compose que d'hommes qui, avant d'être mandataires de la nation, jouissaient d'une réputation intacte, et n'ont pas attendu ce moment pour en faire un sacrifice qui les dégraderait à leurs propres yeux.

Cependant, quelque probe que l'on soit, on n'en

est pas pour cela plus affranchi de toute faiblesse humaine : la nature perd rarement ses droits : aux plus excellentes qualités, elle y attache presque toujours un tribut, et ce tribut est l'amour propre, prisme trompeur qui, au lieu de fasciner les yeux, fascine l'imagination. C'est ce que viennent de prouver plusieurs membres de cette Chambre, relativement à un article de journal qui a paru il y a trois mois, et auquel le public, assez bon juge, n'avait pas attaché la plus légère importance. Ce qu'il n'avait pas *trouvé*, l'amour propre de quelques députés l'a *trouvé*. Ils ont *vu* une offense là où le rédacteur de cet article n'en avait pas *vu*. Cité à leur barre, d'après une *majorité* de voix, il a été reconnu coupable.

Je me garderai bien de donner en preuve l'amour propre, qui, étouffant toute réflexion, a dicté les expressions de mépris dont plusieurs membres de la *majorité* se sont servis à l'égard du rédacteur : elles ne pouvaient pas atteindre un homme de lettres, que son état libre et indépendant place dans les rangs honorables de la société où la considération s'accorde au mérite, et non à un *Midas* qui n'a que son or ou son titre pour recommandation.

Au reste, en reconnaissant une offense réelle, la majorité qui a accusé aurait dû se rappeler que Frédéric a laissé plus d'un exemple de grandeur d'âme dans la manière dont on se venge d'une injure non méritée.

Je n'en rapporterai qu'un seul.

On avait appliqué sur les murs de son palais une affiche insultante pour sa personne : elle était à une hauteur qui en rendait la lecture difficile. D'après le rapport qu'on lui fit de ce que contenait cette affiche, il donna l'ordre de la placer plus bas, pour qu'on pût la lire plus facilement.

Il est vrai que Frédéric était souverain et un grand homme....., et que l'offense reste aux pieds d'un cœur noble et généreux.

Mais qu'ai-je besoin de citer Frédéric? Il eût suffi à cette majorité de jeter les yeux sur nos ministres : leur noble conduite en pareille circonstance est, je le crois, l'exemple qu'ils avaient à suivre.

Journellement attaqués par les *moustiques* de la littérature, ou par ses *Bobêches* (car elle a aussi des niais dont le rôle est d'amuser les oisifs, en leur débitant des platitudes et des quolibets plus ou moins grossiers, mais toujours insolens), ils n'y font pas la plus légère attention. Le mépris est la seule vengeance dont le sage doit user à l'égard de celui qui a l'intention de l'offenser.

Je ne ferai pas un bien grand effort de mémoire pour établir, avec connaissance de cause, une différence marquée entre l'estime personnelle due à nos ministres actuels, ainsi qu'à leurs talens administratifs, et le peu d'estime que méritait, sous ces deux rapports, la majeure partie de ceux qui les ont précédés, surtout depuis nombre d'années.

Quel ministre de la justice a porté plus dignement ce titre imposant, et a rempli avec plus de sagesse et d'impartialité les nobles fonctions auxquelles il astreint, que M. de Peyronnet. Les sceaux pouvaient-ils reposer dans des mains plus pures que les siennes ?

Dans ces temps d'horrible souvenir, l'auteur de ses jours paya de sa tête son attachement aux Bourbons : en le perdant, il perdit tout. Je me trompe : on ne pût pas lui enlever le bien le plus précieux que lui laissait ce respectable père : l'exemple de ses vertus. Il s'en montra le digne héritier, et vengea sa mort dès son début dans le monde, en faisant usage de ses talens pour défendre la cause de l'opprimé. Il n'en défendit que de ce genre, et ses succès étaient la seule récompense qu'il ambitionnait.

Ce noble désintéressement, réuni au talent, étendit sa réputation. Il est peu d'exemples que l'éloge d'un homme qui se dévoue à la défense du bon droit passe les limites de la ville au barreau de laquelle il est attaché. Le sien se trouve sous la plume d'un écrivain distingué, qui ne la consacrait qu'à faire passer, journellement, sous nos yeux, l'analyse des ouvrages de nos auteurs dramatiques. M. Geoffroi, en parlant d'une pièce de Molière, saisit le moyen d'encadrer le récit d'une cause plaidée par M. Peyronnet (à Bordeaux, son pays natal), dont le développement prouvait toute la sagacité du défenseur.

En effet, il fallait que le développement de cette cause et la manière dont elle avait été plaidée eussent étrangement frappé l'esprit observateur de M. Geoffroi, pour lui faire oublier qu'en commençant son

article, c'était à Molière seul qu'il voulait le con-
sacrer.

Un mot sur ce qui avait donné lieu à ce procès.

Il était question d'un terne gagné à la loterie par
une servante qui, ne sachant pas lire, avait remis
son billet au receveur du bureau de Bordeaux, où
elle avait fait sa mise : elle désirait savoir si le sort
l'avait favorisée. Ce receveur infidèle, pour s'emparer du billet, annonça à cette fille qu'elle avait
gagné un ambe, et lui remit, en conséquence, quelques écus, qui pour elle étaient un trésor trouvé.
Le hasard fit découvrir qu'au lieu d'un ambe c'était
un terne qu'elle avait gagné. Mais comment le prouver, le billet étant resté dans les mains du receveur ? C'était une énigme dont il fallait trouver le
mot, M. de Peyronnet le trouva : mille autres y
auraient échoué.

Mettra-t-on M. de Villèle en comparaison avec
Corvetto, ce Génois qui ne connaissait en finance
que des réviremens de banque, et meublait ses
bureaux d'une foule de ses compatriotes, dont les
occupations se bornaient à faire acte de présence.

Mettra-t-on en comparaison avec M. de Corbière
ces deux anciens favoris de la Cour de l'interrègne,
qui l'ont précédé dans le ministère qu'il occupe,
et qui ne durent qu'aux circonstances embarras-
santes des premières années de la restauration, ces
faveurs que la fortune aveugle se plaît à verser sur
ceux qui en sont les moins dignes...... ?

En corrigeant l'épreuve de ces dernières pages,
mon attention s'est portée sur le paragraphe où je

parle de la liberté de la presse. Depuis long-temps on accuse les ministres de vouloir l'entraver, et cette accusation, dénuée de toute espèce de probabilité, se renouvelle aujourd'hui plus que jamais. Lorsque la session sera terminée, disent d'un ton affirmatif des hommes qui ne rêvent qu'aux moyens d'aliéner les esprits contre le ministère, on rétablira la censure; chaque jour, suivant eux, en fournit une preuve; mais elle est toujours si dérisoire, qu'ils devraient enfin s'avouer qu'il est impossible qu'on ajoute la plus légère croyance à ce qu'ils publient. N'ont-ils pas été jusqu'à donner pour telle une baisse momentanée sur des effets publics. Je le demande, quel rapport peut exister entre la censure, si effectivement on avait le projet de la rétablir, et des variations sur le cours de la bourse? Appuyer leur assertion sur un pareil argument, vouloir qu'on le regarde comme irrésistible et décidément convaincant, serait trop exiger.

Si l'on nous disait qu'on a le projet d'enchaîner la plume de ces écrivains qui veulent nous ramener à des idées dont le temps et la raison ont fait justice, la chose serait croyable, et sans doute à désirer : la publicité de certains écrits, lors même qu'on en arrête la circulation, est toujours à craindre.

Je me bornerai à citer l'ouvrage qui récemment a amené M. l'abbé de Lamennais devant les tribunaux, et dont la saisie a été, pour des malintentionnés, la preuve qu'on voulait rétablir la censure. Si elle existait pour tout ouvrage dogmatique, ou prétendu tel, où serait le mal? Les siècles passés ne nous instruisent-ils pas suffisamment des troubles occasionnés par ces idées, soi-disant religieuses, dont la France, plus que tout autre État civilisé, a été le théâtre?

Si l'ouvrage de M. de Lamennais eût passé sous les yeux d'un censeur de sa robe, il n'aurait point causé de scandale, par la raison qu'il ne lui aurait pas été permis de le faire imprimer, comme étant contraire à la loi fondamentale du royaume.

Le repos de la nation exige que le Souverain ne dépende pas d'une puissance spirituelle, et c'est une doctrine contraire à ce principe de raison que M. de Lamennais aurait voulu régénérer dans l'esprit des Français, dont les lumières sont aujourd'hui portées au plus haut degré! A-t-il donc oublié que cette loi a été de nouveau reconnue et sanctionnée par nos parlemens, quand le sang du bon Henri fumait encore? Ainsi c'était une pomme de discorde qu'il voulait jeter dans nos écoles !

La presse n'est pas un poignard dont on doit armer les uns contre les autres, et tout ouvrage qui tend au bouleversement d'un principe conservateur des droits les plus sacrés, peut être considéré comme un cri séditieux : la tranquillité générale exige sa suppression. Dans nos mœurs, le plus simple raisonnement aurait proscrit celle de l'ouvrage de M. de Lamennais, si la charte ne l'avait pas commandé.

Quand un homme d'un talent aussi recommandable que le sien, en use pour tenter de nous ramener à des idées aussi absurdes que celles qu'il a consignées dans l'ouvrage contre lequel les tribunaux se sont prononcés, il ne serait pas étonnant qu'un autre écrivain essayât de faire revivre l'astrologie, cette folie à laquelle, dans les temps d'ignorance, les Français, *grands et petits*, attachaient une telle importance, qu'elle était le guide de toutes leurs actions. Je dis grands et petits, parce que l'histoire du président de Thou est la preuve que les *uns*, comme les *autres*, avaient confiance entière dans ce que leur prédisaient les professeurs de cette *science imaginaire.*

Le sévère Sully, cet homme si sage, si réfléchi, rapporte sérieusement les prédictions qui furent faites à Henri IV, et dont la plus horrible de toutes, quoique dictée par le hasard, eut malheureusement l'effet annoncé, et contribua encore à affermir les hommes crédules dans la confiance qu'ils accordaient à l'astrologie, qui se maintint tellement en faveur, qu'on fit cacher un astrologue près de la chambre de la Reine, Anne d'Autriche, au moment de la naissance de Louis XIV.

Ajoutons que la même faiblesse qui mettait en vogue cette chimère absurde, faisait croire aux sortiléges : on en faisait un point de religion.

Aujourd'hui nous ne sommes pas plus tentés de nous occuper de toute espèce de controverse que d'astrologie : la politique a succédé aux argumens *pró et contrà.* Cette science, dans laquelle chacun se croit *profès*, fait assez déraisonner, sans que nous passions les monts pour déraisonner encore plus. Cette réflexion n'aurait pas dû échapper à

M. de Lamennais qui, il y a quelques années, déposait dans un journal ses idées politiques : au moins elles ne présentaient pas de vues hostiles.

En quittant la plume je me rappelle ce que Martial dit en parlant des écrits qu'on publie , ce qui peut s'entendre du sujet qu'ils traitent comme du style :

Sunt bona, sunt quædam mediocria, sunt mala plura.

Je place volontiers le style de ma brochure dans cette dernière classification. Dire la vérité , c'est où s'est borné le motif qui m'a engagé à écrire.

Un Aristarque, anti-ministériel, par convenance, ne se contentera pas d'applaudir à cette classification de mon style , il y ajoutera la totalité de l'ouvrage.

A cette *profonde observation*, qu'aurai-je à opposer?..... Mon silence dont je lui laisse le choix de l'interprétation.